AF202322

Mit dem Herzen sehen
Zitate von Antoine de Saint-Exupéry

Mit dem Herzen sehen

Zitate von
Antoine de Saint-Exupéry

Karl **Rauch**

*D*ie Entdeckung anderer bewusster Wesenheiten weitet den Menschen. Man sieht sich an mit lächelndem Verstehen. Es ist einem zumute wie dem befreiten Gefangenen, der staunend die Unendlichkeit des Meeres erkennt.

Wind, Sand und Sterne

Das, worauf es im Leben am meisten ankommt, können wir nicht voraussehen. Die schönste Freude erlebt man immer da, wo man sie am wenigsten erwartet hat.

Wind, Sand und Sterne

*E*in Lächeln ist oft das Wesentliche. Man wird mit einem Lächeln bezahlt. Man wird mit einem Lächeln belohnt. Man wird durch ein Lächeln belebt.

Bekenntnis einer Freundschaft

*D*ie wahre Freude ist die Freude am andern.

Bekenntnis einer Freundschaft

*B*ejahe den Tag, wie er dir geschenkt wird, statt dich am Unwiederbringlichen zu stoßen. Das Unwiederbringliche besitzt keinen Wert, denn es ist der Stempel, der allem Vergangenen aufgeprägt ist.

Die Stadt in der Wüste

*D*ie wirkliche Weite ist nicht für das Auge, sie wird nur dem Geist offenbart.

Flug nach Arras

Ich fühlte das Bedürfnis, diejenigen, deren ich zu meiner Orientierung bedurfte, fester und dauerhafter zu empfinden als mich selbst. Um zu wissen, wohin ich zurückkehre. Um zu leben.

Die Stadt in der Wüste

Mein Freund hat seinen eigenen Gesichtspunkt. Ich muss ihn sprechen hören, von wo aus er spricht, denn darin besteht sein besonderes Reich und sein unerschöpflicher Vorrat. Er kann schweigen und mich immer noch glücklich machen. Ich betrachte dann die Welt auf seine Weise und sehe sie anders.

Die Stadt in der Wüste

Leicht finden wir Freunde, die uns helfen; schwer verdienen wir uns jene, die unsere Hilfe brauchen.

Bekenntnis einer Freundschaft

*D*er Freund ist der Teil im Menschen, der für dich da ist und für dich eine Tür öffnet, die er vielleicht keinem anderen öffnen wird.

Die Stadt in der Wüste

Ich glaubte mich verloren, ich dachte, den Abgrund der Verzweiflung erreicht zu haben; aber ich brauchte nur zu verzichten, um Frieden zu finden. Der Mensch muss wohl solche Stunden erleben, um zu sich selbst zu finden und sein eigener Freund zu werden. Nichts kann ihm dann das Gefühl der Erfüllung nehmen; ein Lebensbedürfnis in ihm ist befriedigt, das ihm vorher gar nicht bewusst gewesen war.

Wind, Sand und Sterne

*E*s gibt nur eine wahrhafte Freude: den Umgang mit Menschen.

Wind, Sand und Sterne

*D*ie Demut des Herzens verlangt nicht, dass du dich demütigen, sondern dass du dich öffnen sollst.

Der kleine Prinz

Die Erfahrung lehrt uns, dass Liebe nicht darin besteht, dass man einander ansieht, sondern dass man gemeinsam in gleicher Richtung blickt.

Wind, Sand und Sterne

*I*ch will wissen, wer du bist und wo du bist, wenn ich dich lieben soll.

Die Stadt in der Wüste

*D*u liebst, weil du liebst. Es gibt keinen Grund für deine Liebe.

Die Stadt in der Wüste

*D*er Blitz hat dich ins Herz getroffen, aber dein Herz war bereit für den Blitz.

Die Stadt in der Wüste

*M*an darf Liebe nicht mit der Knecht-
schaft des Herzens verwechseln.

Die Stadt in der Wüste

*S*ehnsucht nach Liebe ist Liebe. Und
siehe, du bist schon gerettet, wenn du
versuchst, der Liebe entgegenzuwandern.

Die Stadt in der Wüste

Die wahre Liebe verausgabt sich nicht. Je mehr du gibst, umso mehr verbleibt dir. Und wenn du dich anschickst, aus dem wahren Brunnen zu schöpfen, spendet er umso mehr, je mehr du schöpfst.

Die Stadt in der Wüste

Ich kenne aber die Liebe und weiß: Sie besteht darin, dass keine Frage mehr gestellt wird.

Die Stadt in der Wüste

Die wahre Liebe verausgabt sich nicht. Je mehr du gibst, umso mehr verbleibt dir.

Die Stadt in der Wüste

Die Intelligenz taugt nur im Dienst der Liebe.

Flug nach Arras

Und es ist ja wahr, dass in gewissen Augenblicken selbst die einfachsten Worte von solcher Macht getragen scheinen, dass es leicht wird, die Liebe lebendig zu erhalten.

Südkurier

*D*ie Landschaft des Herzens wechselt zu schnell …

Südkurier

*H*ier mein Geheimnis. Es ist ganz einfach: Man sieht nur mit dem Herzen gut. Das Wesentliche ist für die Augen unsichtbar.

Der kleine Prinz

Wenn wir das Wesentliche erkennen wollen, müssen wir für einen Augenblick alle Trennungen vergessen. Sobald wir uns nämlich auf die einlassen, spinnen wir uns in einen Koran »ewiger Wahrheiten« ein, und mörderischer Fanatismus ist die notwendige Folge davon.

Wind, Sand und Sterne

Wenn der Analphabet das Buch der Propheten wiegt und wendet, wenn er bei der Zeichnung der Buchstaben und dem Golde der ausgemalten Bilder verweilt, verfehlt er das Wesentliche; denn dieses besteht nicht im nichtigen Gegenstand, sondern in der göttlichen Weisheit. So ist das Wesentliche einer Kerze nicht das Wachs, das seine Spuren hinterlässt, sondern das Licht.

Die Stadt in der Wüste

Während wir uns über die Methoden streiten, laufen wir Gefahr, nicht mehr zu erkennen, dass wir auf dem Weg zum gleichen Ziele sind.

Bekenntnis einer Freundschaft

*D*er ist wahrhaftig blind, der den Menschen nur in seinen Taten gewahr wird und glaubt, nur die Tat mache ihn kund oder die greifbare Erfahrung oder die Ausnutzung eines bestimmten Vorteils.

Die Stadt in der Wüste

*E*ine Wahrheit erkennen, heißt vielleicht nur, sie im Schweigen zu sehen.

Die Stadt in der Wüste

*Z*u unserer Befreiung genügt es, dass man uns dazu verhilft, ein Ziel zu erkennen, das uns mit anderen Menschen verbindet.

Wind, Sand und Sterne

*D*u hast nichts zu erhoffen, wenn du blind bist gegenüber jenem Licht, das nicht von den Dingen, sondern vom Sinn der Dinge herrührt.

Die Stadt in der Wüste

Aber heute ist der Respekt vor dem Menschen, diese Voraussetzung unserer Entwicklung, in Gefahr. Der Zerfall der modernen Welt hat uns ins Finstre geschleudert. Die Probleme hängen nicht mehr zusammen, die Lösungen widersprechen sich. Die Wahrheit von gestern ist tot, die von morgen erst zu gebären. Noch ist keine gültige Synthese vorauszusehen, und jeder von uns hält nur ein Teilchen der Wahrheit in Händen. In Ermangelung zwingender Evidenz nehmen die politischen Religionen ihre Zuflucht zur Gewalt. Und während wir uns so über die Methoden streiten, laufen wir Gefahr, nicht mehr zu erkennen, dass wir auf dem Weg zum gleichen Ziele sind.

Bekenntnis einer Freundschaft

*E*rschaffen bedeutet, dass du den ande-ren in eine Lage versetzt, von der aus er die Welt sieht, wie du es wünschst, nicht aber, dass du ihm eine neue Welt anbietest.

Die Stadt in der Wüste

*U*m ein Übel zu heilen, muss man es erkennen.

Frieden oder Krieg?

*E*s ist viel schwerer, sich selbst zu verurteilen, als über andere zu richten.

Der kleine Prinz

*E*s ist nicht wichtig, dass man sich erhaben vorkommt. Bei einer Niederlage besteht keine Hoffnung, sich erhaben zu fühlen.

Flug nach Arras

Die Erkenntnis: Sie besteht keineswegs im Besitz der Wahrheit, sondern einer zusammenhängenden Sprache.

Carnets

*W*ahrheit besteht nicht in Beweisen, sie besteht im Zurückführen auf die letzte Einfachheit.

Wind, Sand und Sterne

*E*s gibt Wahrheiten, die offensichtlich sind und sich doch nicht aussprechen lassen.

Flug nach Arras

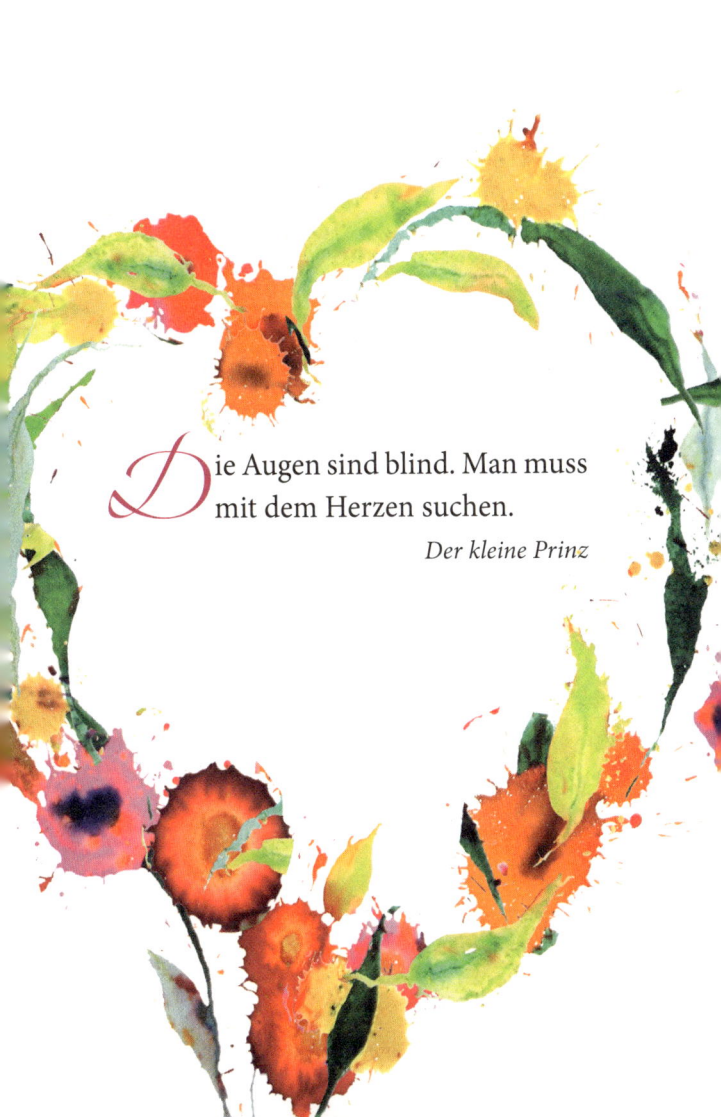

Die Augen sind blind. Man muss mit dem Herzen suchen.

Der kleine Prinz

Immer sind es die Keller der Unterdrückung, in denen sich die neuen Wahrheiten vorbereiten: Vierzig Millionen Ausgelieferte denken da drinnen über ihre neue Wahrheit nach. Wir unterwerfen uns dieser Wahrheit im Voraus.

Bekenntnis einer Freundschaft

*F*ür den Menschen gibt es nur eine Wahrheit, das ist die, die aus ihm einen Menschen macht.

Wind, Sand und Sterne

*E*s gibt eine höhere Wahrheit als die Aussagen des Verstandes.

Flug nach Arras

*D*ie schöpferischen Wahrheiten sind unsichtbar.

Carnets

Ich lege keinen Wert darauf, die Formeln, die das Glück umschreiben, miteinander zu vergleichen. Das Leben ist das, was es ist.

Die Stadt in der Wüste

Weißt du nicht mehr, dass die Suche nach Glück niemals Voraussetzung des Glückes ist? Du würdest dich niedersetzen, denn du wüsstest nicht, wohin du gehen sollst. Wenn du erschaffen hast, wird dir das Glück als Lohn gewährt.

Die Stadt in der Wüste

Wenn du zum Beispiel um vier Uhr nachmittags kommst, kann ich um drei Uhr anfangen, glücklich zu sein. Je mehr die Zeit vergeht, umso glücklicher werde ich mich fühlen. Um vier Uhr werde ich mich schon aufregen und beunruhigen; ich werde erfahren, wie teuer das Glück ist. Wenn du aber irgendwann kommst, kann ich nie wissen, wann mein Herz da sein soll … Es muss feste Bräuche geben.

Der kleine Prinz

Den Ablauf der Zeit empfinden die meisten Menschen für gewöhnlich gar nicht; sie sind von der Vergänglichkeit vorläufig auf freien Fuß gesetzt.

Wind, Sand und Sterne

Wenn ich mich den Sternen zuwende, vermisse ich nicht das Meer. Ich denke Sterne.

Die Stadt in der Wüste

Die Sterne sind schön, weil sie an eine Blume erinnern, die man nicht sieht …

Der kleine Prinz

*W*ir fühlten uns verloren im Raum zwischen den Welten, unter lauter unerreichbaren Planeten, auf der Suche nach dem einzigen wahren Stern, nach dem einen, der unsere vertrauten Gegenden beherbergt, freundliche Häuser und alles, woran unser Herz hing.

Wind, Sand und Sterne

Wenn du eine Blume liebst, die auf einem Stern wohnt, so ist es schön, bei Nacht den Himmel zu betrachten. Alle Sterne sind voll Blumen.

Der kleine Prinz

Schon leuchtete ein Stern, und ich sah ihn an. Ich dachte, wie die weiße Fläche, auf der ich mich befand, seit Hunderttausenden von Jahren nur den Sternen dargeboten war, ein fleckenloses Tuch unter den reinen Himmel gebreitet.

Wind, Sand und Sterne

Wenn du bei Nacht den Himmel anschaust, wird es dir sein, als lachten alle Sterne, weil ich auf einem von ihnen wohne, weil ich auf einem von ihnen lache. Du allein wirst Sterne haben, die lachen können!

Der kleine Prinz

Die Sterne geben uns die wirklichen Entfernungen kund. Das geruhsame Leben, die treue Liebe, die Freundin, die wir im Herzen zu tragen meinen – sie alle werden vom Polarstern wieder in die Reihe gebracht.

Südkurier

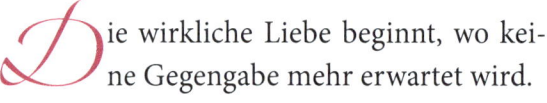

Die wirkliche Liebe beginnt, wo keine Gegengabe mehr erwartet wird.

Die Stadt in der Wüste

Die Liebe ist nichts anderes als die Erkenntnis der Götter.

Die Stadt in der Wüste

Wahrheiten kann man nicht durch Beweisketten erschließen, man muss sie erproben.

Wind, Sand und Sterne

*E*in Leuchtturm ist kein Maß für die Entfernung. Sein Licht ist ganz einfach in den Augen gegenwärtig. Und alle Wunder des Kontinents leben in diesem Stern.

Bekenntnis einer Freundschaft

*J*a, sagte ich zum kleinen Prinzen, »ob es sich um das Haus, um die Sterne oder um die Wüste handelt, was ihre Schönheit ausmacht, ist unsichtbar!«

Der kleine Prinz

Nachts, da schläft der menschliche Verstand, und die Dinge sind nur noch ganz einfach da. Alles, was wirklich wichtig ist, gewinnt wieder Gestalt, ersteht neu aus der zerstörenden Zergliederung des Tages. Der Mensch setzt seine Bruchstücke aneinander und wird wieder geruhsam, einem Baum gleich

Flug nach Arras

Wenn ein Zufall die Liebe erweckt, ordnet sich im Menschen alles nach dieser Liebe, und die Liebe bringt ihm das Gefühl für die Weite.

Flug nach Arras

*I*ch kann nicht über die Liebe wie über einen Vorrat verfügen: Sie ist vor allem Betätigung meines Herzens.

Die Stadt in der Wüste

*G*eh die Rosen wieder anschauen. Du wirst begreifen, dass die deine einzig ist in der Welt.

Der kleine Prinz

Wenn deine Liebe nicht hoffen kann, Gehör zu finden, sollst du sie verschweigen. Sie kann in dir reifen, wenn Schweigen herrscht. Denn sie schafft eine Richtung in der Welt, und jede Richtung lässt dich größer werden, die es dir erlaubt, dich zu nähern, dich zu entfernen, einzutreten, hinauszugehen, zu finden, zu verlieren.

Die Stadt in der Wüste

Wenn einer eine Blume liebt, die es nur ein einziges Mal gibt auf allen Millionen und Millionen Sternen, dann genügt es ihm völlig, dass er zu ihnen hinaufschaut, um glücklich zu sein.

Der kleine Prinz

*I*ch habe die Wüste immer geliebt. Man setzt sich auf eine Sanddüne. Man sieht nichts. Man hört nichts. Und währenddessen strahlt etwas in der Stille.

Der kleine Prinz

*F*riede bedeutet in einem Gesicht lesen, das sich hinter den Dingen zeigt, wenn sie ihren Sinn und ihren Platz bekommen haben.

Flug nach Arras

Ich hätte sie nach ihrem Tun und nicht nach ihren Worten beurteilen sollen. Sie duftete und glühte für mich. Ich hätte niemals fliehen sollen! Ich hätte hinter all den armseligen Schlichen ihre Zärtlichkeit erraten sollen. Die Blumen sind so widerspruchsvoll! Aber ich war zu jung, um sie lieben zu können.

Der kleine Prinz

*M*an darf den Blumen nicht zuhören, man muss sie anschauen und einatmen.

Der kleine Prinz

*W*as mich an diesem kleinen eingeschlafenen Prinzen so sehr rührt, ist seine Treue zu einer Blume, ist das Bild einer Rose, das ihn durchstrahlt wie die Flamme einer Lampe, selbst wenn er schläft …

Der kleine Prinz

Das Rührende, das der Abschied gebracht hat, lässt man hinter sich, mit einem Stich im Herzen, aber auch mit dem seltsamen Bewusstsein von einem Schatz, der unter der Erde verborgen bleibt.

Südkurier

*H*at man einmal gewählt, so gibt man sich zufrieden mit dem Zufall seines Daseins und kann sein Herz daran hängen.

Flug nach Arras

Das Verhängnis kommt nicht von außen. Es kommt von innen, wenn man plötzlich gewahr wird, dass man verletzlich ist.

Nachtflug

Der kommt am weitesten und hat den größten Erfolg, der sich am meisten mit sich selber abmüht.

Die Stadt in der Wüste

Erkennen heißt nicht zerlegen, auch nicht erklären. Es heißt, Zugang zur Schau finden. Aber um zu schauen, muss man erst teilnehmen. Das ist eine harte Lehre …

Flug nach Arras

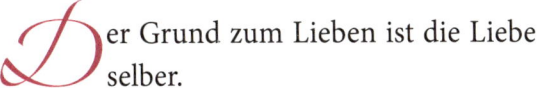

Der Grund zum Lieben ist die Liebe selber.

Die Stadt in der Wüste

Ehrfurcht vor dem Menschen! Ehrfurcht vor dem Menschen! … Wenn die Ehrfurcht vor dem Menschen in den Herzen der Menschen wurzelt, werden die Menschen einmal so weit kommen, ihrerseits wieder das soziale, politische oder ökonomische System zu begründen, das diese Ehrfurcht für immer gewährleistet.

Bekenntnis einer Freundschaft

Zuweilen macht es ja wohl nichts aus,
wenn man seine Arbeit auf später ver-
schiebt.

Der kleine Prinz

Schenken ist ein Brückenschlag über
den Abgrund deiner Einsamkeit.

Die Stadt in der Wüste

Ich bin nur dem verbunden, den ich be-
schenke. Ich verstehe nur den, dem ich
mich liebend nahe. Ich existiere nur, soweit
mich die Quellen meiner Wurzeln tränken.

Flug nach Arras

Wir haben gelernt, im Brot ein Instrument menschlicher Gemeinschaft zu erkennen, weil das Brot in der Gemeinschaft gebrochen wird. Wir haben gelernt, im Brot das Sinnbild der Größe der Arbeit zu erkennen, weil das Brot im Schweiß des Angesichts verdient wird. Wir haben im Brot den wesentlichen Träger der Barmherzigkeit kennengelernt, weil das Brot in der Stunde des Elends ausgeteilt wird. Der Geschmack des geteilten Brotes hat nicht seinesgleichen

Flug nach Arras

*D*enn es ist gerecht, dass ich zugleich empfange, während ich schenke – vor allem, weil ich dadurch im Schenken fortfahren kann. Ich segne diesen Austausch zwischen Gabe und Gegengabe, der es gestattet, auf dem Wege weiterzuschreiten und noch weiterhin zu schenken.

Die Stadt in der Wüste

*V*ollkommenheit entsteht offensichtlich nicht dann, wenn man nichts mehr hinzuzufügen hat, sondern wenn man nichts mehr wegnehmen kann.

Wind, Sand und Sterne

*I*ch möchte einen Sonnenuntergang sehen … Machen Sie mir die Freude …
Befehlen Sie der Sonne unterzugehen …

Der kleine Prinz

*D*as Herz eines kleinen Mädchens ist
oft besser aufgehoben im Schweigen seines Mundes als die Oasen der Sahara
hinter weiten Strecken Sand.

Wind, Sand und Sterne

Wenn du die Menschen verstehen willst, darfst du nicht auf ihre Reden hören.

Die Stadt in der Wüste

Ich, der ich sehe und verstehe, weil ich nicht auf die Worte höre – ich habe erkannt, dass nichts für den Menschen den gleichen Wert hat wie der Duft des Wachses an einem bestimmten Abend, wie eine goldene Biene in einer bestimmten Morgenröte, wie eine schwarze Perle auf dem Meeresgrund, die du nicht besitzt.

Die Stadt in der Wüste

Nur das Unbekannte ängstigt die Menschen. Sobald man ihm die Stirn bietet, ist es schon kein Unbekanntes mehr, besonders wenn man es mit hellsichtigem Ernst beobachtet.

Wind, Sand und Sterne

*I*ch kann nicht voraussehen, aber ich kann zu etwas den Grund legen.

Die Stadt in der Wüste

*S*o erkannte ich immer deutlicher, dass man den Menschen nicht zuhören darf, sondern sie verstehen muss.

Die Stadt in der Wüste

$\mathcal{U}$nd darum sage ich dir, dass der Geist die Welt führt und nicht die Klugheit.

Die Stadt in der Wüste

Wenn ich suche, habe ich gefunden, denn der Geist verlangt nur nach den Dingen, die er besitzt. Finden heißt sehen. Und wie sollte ich das suchen, was für mich noch keinen Sinn hat?

Die Stadt in der Wüste

Du kannst nichts über die Etappen erfahren, die lediglich eine Erfindung der Sprache sind. Einzig die Richtung hat einen Sinn. Es kommt darauf an, dass du auf etwas zugehst, nicht dass du ankommst; denn man kommt nirgendwo an, außer im Tode.

Die Stadt in der Wüste

Ich erkenne die Freundschaft daran, dass sie sich nicht enttäuschen lässt, und ich erkenne die wahre Liebe daran, dass sie nicht gekränkt werden kann.

Die Stadt in der Wüste

*U*m klar zu sehen, genügt ein Wechsel der Blickrichtung.

Die Stadt in der Wüste

*D*u warst wie ein Vogel, der jählings davongeflogen ist, weil die Hand, die ihn festhielt, sich ein wenig gelockert hatte.

Südkurier

Das Leben ist weder einfach noch verzwickt, weder klar noch dunkel, weder widerspruchsvoll noch zusammenhängend. Das Leben ist.

Die Stadt in der Wüste

Man spürt das Glück innerlich wie eine Frucht, die von ihrem Geschmack voll ist.

Die Stadt in der Wüste

In der Ferne träumt man gern. Das Rührende, das der Abschied gebracht hat, lässt man hinter sich, mit einem Stich im Herzen, aber auch mit dem seltsamen Bewusstsein von einem Schatz, der unter der Erde verborgen bleibt. Diese raschen Trennungen offenbaren manchmal so viel scheue Liebe.

Südkurier

räuche, Konventionen und Gesetze, kurz, alle diese Dinge, deren Notwendigkeit du nicht recht fühlst und denen du dich entzogen hast, diese sind es, die dem Leben seinen Rahmen geben. Um bestehen zu können, brauchen wir um uns herum beständige Dinge.

Südkurier

*W*enn man eine Eiche pflanzt, darf man nicht die Hoffnung hegen, nächstens in ihrem Schatten zu ruhen.

Wind, Sand und Sterne

*K*inder müssen mit großen Leuten viel Nachsicht haben.

Der kleine Prinz

*P*lötzlich wusste ich, was es war, und gab mich mit geschlossenen Augen dem Zauber meiner Erinnerungen hin.

Wind, Sand und Sterne

*D*ie Zukunft soll man nicht voraussehen wollen, sondern möglich machen.

Die Stadt in der Wüste

*W*ir geben uns ein großartiges Ansehen, wir Menschen, aber heimlich im Herzen kennen wir das Zögern, den Zweifel, den Kummer …

Bekenntnis einer Freundschaft

$\mathcal{D}$ie Erde schenkt uns mehr Selbsterkenntnis als alle Bücher, weil sie uns Widerstand leistet. Und nur im Kampf findet der Mensch zu sich selbst.

Wind, Sand und Sterne

*S*ollte ich unter meinen Erinnerungen die namhaft machen, die ihren kräftigen Geschmack behalten haben, sollte ich die Summe der Stunden ziehen, die in meinem Leben zählen, so finde ich gewiss nur solche, die mir kein Vermögen der Welt je verschafft hätte.

Wind, Sand und Sterne

© S. Consi St. Ex.

Antoine de Saint-Exupéry, geboren am 29. Juni 1900, begeisterte sich schon als Kind für die Fliegerei. Nach dem Abitur leistete er seinen Militärdienst in einem Fliegerregiment ab. Im Jahr 1931 wurde er Streckenpilot in Westafrika, 1934 bekam er eine Anstellung bei der neu gegründeten Air France. Seine Erfahrungen dieser Jahre spiegeln sich in den Werken *Südkurier* und *Nachtflug* wider.

Im Jahr 1935 stürzte Saint-Exupéry über der ägyptischen Wüste ab – eine Episode, die in *Wind, Sand und Sterne* erwähnt wird und die großen Einfluss auf die Entstehung des *Kleinen Prinzen* hatte.

Im Zweiten Weltkrieg emigrierte Saint-Exupéry in die USA; hier schrieb er *Flug nach Arras*, den unter dem Titel *Bekenntnis einer Freundschaft* veröffentlichten Brief an den Freund Léon Werth und schließlich *Der kleine Prinz*. Als die Alliierten 1942 in Nordafrika landeten, schloss er sich der französischen Armee in Algerien an. Am 31. Juli 1944 startete sein Fernaufklärer von der Insel Korsika zu einem letzten Flug. Er kehrte nicht zurück.

Antoine de Saint-Exupéry hat einer weltweiten Leserschaft die Botschaft vermittelt, andere Menschen zu respektieren und sich daran zu erinnern, dass »Mensch sein heißt, Verantwortung zu fühlen«.

Die Zitate von Antoine de Saint-Exupéry stammen aus folgenden im Karl Rauch Verlag erschienenen Bänden:

Die Stadt in der Wüste, übersetzt von Oswalt von Nostitz
Düsseldorf 1956 und 2009

Der kleine Prinz, übersetzt von Grete und Josef Leitgeb
Düsseldorf 1950 und 2014

Wind, Sand und Sterne, übersetzt von Henrik Becker
Düsseldorf 1939 und 2010

Flug nach Arras, übersetzt von Fritz Montfort
Düsseldorf 1955 und 2011

Südkurier, übersetzt von Paul Graf von Thun-Hohenstein
Düsseldorf 1956 und 2011

Bekenntnis einer Freundschaft, übersetzt von Josef Leitgeb
Düsseldorf 1955 und 2010

Romane, Briefe, Dokumente, Düsseldorf 1966 und 2015

Bibliografische Information der Deutschen
Nationalbibliothek
Die Deutsche Nationalbibliothek verzeichnet diese
Publikation in der Deutschen Nationalbibliografie;
detaillierte bibliografische Daten sind im Internet
über http://dnb.de abrufbar.

2. Auflage 2022
© 2021 Karl Rauch Verlag GmbH & Co. KG, Düsseldorf
Illustrationen © Michael Willfort, www.kunst2day.de
Gestaltung, Layout und Satz von Sebastian Maiwind, Berlin
Gedruckt auf chlor- und säurefreiem Papier
und gebunden bei Finidr in Český Těšín.
Alle Rechte vorbehalten
ISBN: 978-3-7920-0078-6

www.karl-rauch-verlag.de